「ついて　おいで！」
と　せんせいは　うたうように　いいました。

"Follow me!" he sang.

でも　メイリンは　のみものを
のみおえるのに　むちゅうでした。
それは　つめたくて
そして　おいしかったので
メイリンは　さいごの　いってきまで　のみほしました！

But Mei Ling wanted to finish her drink.
It was cool
It was yummy
And she drank every last drop!

メくり

Meicups

ada

「パーティー　ゲームを　したい　ひとは？」
と　メイリンの　せんせいが　ききました。

"Who wants to play party games?" asked Mei Ling's teacher.

でも　のみおわった　あとで
メイリンが　なにか　いおうとすると...　「ひっく！」

But when she'd finished
All she could say was ... "Hicc!"

そして　もう　いっかい　「ひっく！」
そして　また　「ひっく！」

And another one came: "Hicc!"
And another: "Hicc!"

まあ　たいへん！

Oh no!

ベンが　くすくすと　わらいました。
メイリンも　わらいたかったのですが
わらおうと　すると．．．「ひっく！」

Ben giggled.
Mei Ling wanted to laugh too
But all she could say was... "Hicc!"

「どうしたら　いいか　しってるよ！」
と　ベンが　いいました。
「おかあさんが　いっていたよ、こうやって．．．
5つまで　かぞえるんだって。」

"I know, I know!" said Ben.
"My mum says you have to do this...
and count to five."

So they both plugged their noses.
1 2 3 4 5   and ...
"HICC! Oh no!" said Mei Ling.

ふたりは　はなを　つまみました。
１　２　３　４　５．．．
「ひっく！だめだわ。」
と　メイリンは　いいました。

そこへ　ルビーが　もどって　きました。
「どうしたら　いいか　しってるわ！」
と　ルビーが　いいました。
「おとうさんが　こうやるんだって
いってたわ．．．」

Then Ruby came back in.
"I know, I know!" said Ruby.
"My dad says you have to do this ..."

みんなは　さかさまに　のぞきました。
１　２　３　４　５．．．
「ひっく！　だめだわ！」
と　メイリンは　いいました。

So everyone tried to look upside down.
1 2 3 4 5 and ...
"HICC! Oh no!" said Mei Ling.

そこへ　レオが　はいって　きました。
「どうしたら　いいか　しってるよ！」
と　レオが　いいました。
「おじさんが　こうすれば　いいって．．．」

Then Leo came back in.
"I know, I know!" said Leo.
"My uncle says you have to do this..."

そこで　みんなは　コップの　みずを
はんたいがわから　のみました。
１　２　３　４　５...
「ひっく！だめだわ！」
と　メイリンが　いいました。

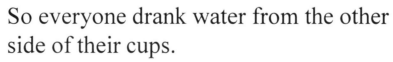

So everyone drank water from the other
side of their cups.
1　2　3　4　5　and ...
"HICC! Oh no!" said Mei Ling.

そこに　サヒルが　もどって　きました。
「どうしたら　いいか　しってるよ！」
と　サヒルは　いいました。
「おばあさんが　こうするんだって　いってたよ．．．」

Then Sahil came back in.
"I know, I know!" said Sahil.
"My grandma says you have to do this..."

そこで みんなは くる くる くると まわりました。
１ ２ ３ ４ ５．．．
「ひっく！ だめだわ！」 と メイリンは いいました。

So everyone went spin spin spin.
1 2 3 4 5 and ...
"HICC! Oh no!" said Mei Ling.

そこへ　ソフィーが　もどって　きました。
「どうしたら　いいか　しってる！」
と　ソフィーが　いいました。
「いとこが　こうするって　いってた．．．」

Then Sophie came back in.
"I know, I know!" said Sophie.
"My cousin says you have to do this..."

そこで　みんなは　そらに　むかって
じてんしゃを　こぎました。
１　２　３　４　５．．．
「ひっく！　だめだわ！」
と　メイリンが　いいました。

So everyone did bicycles in the air.
1 2 3 4 5 and ...
"HICC! Oh no!" said Mei Ling.

でも　そのとき　メイリンの　めに
ふうせんが　はいり、いいかんがえが　うかびました。
「そうだ。」　と　メイリンは　ゆっくり　いいました。
「メイリン！」　と　みんなは　さけびました。

But then she saw her balloon and she had an idea.
"I know," she said slowly.
"Mei Ling!" shouted all her friends.

パン！
メイリンの　ふうせんが
われました。

POP!
went Mei Ling's balloon.

「しーっ！」　と　みんなは　メイリンの　しゃっくりに
ちゅういぶかく　みみを　すませました。

"Shhhh!" Everyone listened carefully for Mei Ling's hiccups.

「とまった？」　と　メイリンが　しずかに　いいました。

"Gone?" asked Mei Ling very quietly.

「とまった！」　と　みんなが　いいました。

"Gone!" said everyone.

「ばんざ〜い！」 と みんなが さけびました。

"HURRAY!" shouted everyone.

パン！ パン！ パン！ パン！ パン！ そこへ

POP! POP! POP! POP! POP! AND

「なんの　おとだい？」と　せんせいが　はいってきました。

"What was that?" asked the teacher.

「ひっく！」と　みんなは　いいました。
「まあ、　たいへん！」　と　メイリンは　いいました。

"HICC!" said everyone.
"OH NO!" said Mei Ling.

For the children of Harry Roberts Nursery,
D.M.

For all the great children and staff of Soho Parish School,
and for Hilary, my lovely supportive mum, with love,
D.B.

Mantra Lingua
Global House
303 Ballards Lane
London N12 8NP
www.mantralingua.com

Text copyright © 2000 David Mills
Illustrations copyright © 2000 Derek Brazell
Dual language copyright © 2000 Mantra Lingua Ltd

First published in 2000 by Mantra Lingua Ltd
All rights reserved
This edition published 2007

A CIP record for this book is available from the British Library

Printed in Hong Kong